Just Us Girls by Brandi Riley

Secret
Diary
for Girls

아이가 마음을 닫기 전에,

엄마와 딸의 교환일기

브랜디 라일리 지음
김소연 옮김

다이어리를 선택한 분들에게
보내는 편지

제 배 속에 있는 아이가 딸이라는 사실을 알게 된 순간이 아직도 생생하게 기억납니다. 저는 기뻐 눈물을 흘리며, 당시 곁에 있던 엄마에게 이렇게 말했어요.

"전 이 아이에게 가장 친한 친구가 되어줄 거예요!"

10년이 조금 넘은 지금, 저는 이 약속을 꽤나 충실히 이행하고 있다고 생각합니다.

저의 어머니 또한 저를 키우며 많이 노력하셨다는 걸 알고 있어요. 어린 아내이자 어린 엄마였던 저의 어머니는 미성숙한 어른이었지만 저를 키우기 위해 최선을 다하셨습니다. 하지만 우리는 서로의 마음속 깊은 곳에 있는 이야기를 나눌 적절한 타이밍을 놓쳐버렸습니다.

'엄마를 귀찮게 하는 게 아닐까?'

'엄마는 잘 이해 못 할 거야.'

이런저런 생각들로 저는 엄마에게 속 깊은 이야기를 하지 못했습니다. 저는 내성적인 아이였고 수줍음도 많았습니다. 어머니와 사이가 나쁘지는 않지만 그렇다고 깊은 관계를 맺었다고 이야기하긴 어려워요.

저는 그런 엄마가 되고 싶지 않았어요. 아이를 낳고 보니 딸과 깊은 관계를 맺고 싶다고 생각만 한다고 해서 저절로 소통이 되는 것은 아니었습니다. 딸이 점점 더 성장함에 따라, 다가가는 게 조심스러워졌습니다. 또 모든 비밀을 공유하는 단짝 친구 관계와 달리 모녀간에 공감대를 형성하는 데는 특별한 노력이 필요하다는 사실을 깨달았습니다.

예컨대 저의 경우, 딸이 어릴 땐 곤란한 질문을 하면 두루뭉술하게 대답해서 상황을 모면하곤 했지만, 아이가 나이가 좀 더 들자 더 이상 이런 답변들은 통하지 않는다는 걸 깨닫게 되었죠. 아이와 좀 더 진실하고 진정성 있게 소통하기 위해서는 진심이 담긴 깊이 있는 대화가 필요하다는 것을 알았습니다. 아이가 더 커서 대화의 창을 닫기 전에요.

모녀가 진심으로 소통하는 법을 가르쳐주는 설명서는 이 세상에 존재하지 않습니다. 그것이 바로 이 일기장이 탄생한 이유입니다. 함께 같은 질문을 두고 교환 일기를 쓰는 것은, 딸이 점차 성장함에 따라 나타나는 불완전하고 애매한 소통을 해소할 수 있게 도와줄 것입니다.

사실, 아이가 글씨를 쓸 수 있게 되면서 몇 년간 함께 교환일기를 썼습니다. 서로 번갈아 일기를 쓰고, 서로의 생각을 읽는 거죠. 우리는 매일 밤 각자의 생각과 감정을 종이 위에 적었습니다. 멋진 문장을 쓰거나 예쁜 글씨, 다이어리 꾸미기 같은 겉치레는 되도록 생략하고요. 우리의 목적은 단 하나, 서로에 대해 알아가는 것이기 때문이죠.

그러던 어느 날, 제 딸이 일기를 쓰는 건 너무 즐겁지만, 쓸 이야기가 줄어서 고민이라고 털어놓았습니다. 저는 그 말에 깊이 공감했어요. 마침 똑같은 생각을 하고 있었기 때문이죠. 그래서 우리는 함께 앉아 서로에게 궁금한 것들 질문 목록을 작성하기 시작했습니다. 그 질문들이 이 일기장에 담겼죠.

이 일기장 속 질문들은 '무슨 이야기를 나누면 되지?' 하는 막막함을 덜어주고, 두 사람의 생각을 입체적으로 알 수 있게 도와줍니다. 쓸데없는 고민을 덜고 두 사람이 더 친밀해질 수 있도록 마음을 교감하는 데 온전히 집중할 수 있도록 안내할 거예요.

자, 이제 두 분이 일기를 쓰기로 했다면 첫째, 정말 솔직하게 썼으면 합니다. 모든 질문에 답을 쓰고, 감추거나 숨기는 것 없이 진정을 담아 쓰기를 강력히 권합니다. 둘째, 상황에 따라 일기가 잠시 중단되거나 밀리더라도 아예 쓰는 걸 그만 두지는 마세요. 매달 어떻게 일기를 꾸준히 쓸지 함께 다시 논의하고, 목표를 다시 설정하면 됩니다.

여러분이 이 교환일기를 쓰면서 서로에 대해 몰랐던 점을 알아갔으면 합니다. 서로 닮은 면이 얼마나 많은지 감탄하고, 서로 다른 면에서는 각자에게 영감을 받았으면 해요. 이 교환일기가 다 채워질 무렵, 여러분의 관계는 그 어느 때보다도 가깝고 깊어져 있을 거예요.

약 1년의 기간 동안 엄마와 딸 사이에는 수많은 일이 일어날 수 있습니다. 시간은 눈 깜짝할 사이에 지나가고, 아이가 자라는 시간은 더더욱 그렇죠. 그렇기에 이 1년의 교환일기가 더 특별한 의미를 지니게 될 겁니다. 설레는 첫 장과 사이가 깊어진 마지막 장을 기대해보세요. 그 여정 속에서 두 사람의 관계가 얼마나 많이 변할지 놀라게 될 겁니다.

그리고 이 여정의 가장 좋은 점을 알려드릴까요? 그건 바로 이 일기에 친밀해지는 과정이 모두 기록되어 있고, 이것을 평생 간직할 수 있다는 것입니다.

- 브랜디 라일리

엄마와 교환일기를 쓰는 게 정말 좋아요. 제 마음속에 있는 이야기를 나눌 기회가 되고, 저한테 무슨 일이 있으면 감정을 표현할 수 있어요. 글을 쓰는 것은 감정을 표현하기에 가장 좋은 방법이고, 내 마음을 터놓고 싶을 때는 이 일기장에 적으면 되니까요.

- 아이바 라일리, 10세

좋아요! 교환일기를 쓰기로 했군요. 함께 일기를 쓴다는 것은, 평소 서로에게 묻지 않았던 질문들을 통해 서로를 더 잘 알아가는 과정이 될 거예요. 이 과정이 엄마와 딸 사이를 더욱 돈독하게 해주리라 확신합니다. 제가 경험한 것처럼요.

이 일기장은 서로 많은 대화를 나눌 수 있도록 도와줄 거예요. 매일 그날의 감상을 적을 공간은 충분합니다. 단답형 질문들은 서로 생각하는 방식을 알아보는 데 도움을 주고, 장문형 질문들은 서로에 대해 더 깊이 있는 대화를 나눌 기회를 만들어줄 거예요. 질문에 더 자세히 답하고 싶거나 다른 하고 싶은 이야기가 있다면 메모지를 덧붙여 자유롭게 써보는 것도 좋아요.

이 일기장에는 쉽게 답할 만한 가벼운 질문도, 심도 있게 고찰해야 할 만한 질문도 있습니다. 다양한 질문에 답하면서 서로의 꿈과 미래에 대해 알아가고, 가족과 친구에 대한 생각을 나누며, 서로의 재능과 잠재력을 알아갈 계기를 만들어가세요. 함께 '일기 쓰기 전 결심'을 나누며 일기를 시작해보세요. 그리고 마지막에는 각자의 '에필로그'를 통해 나에 대해 알게 된 점, 서로에 대해 알게 된 점들을 돌이켜보는 시간을 가져보세요.

✸ 충분히 여유를 가지세요.

한 달 분량의 질문을 첫 주에 전부 대답해야 된다는 조급함을 갖지 마세요. 충분히 여유를 갖고 일기를 쓰고, 시간이 더 필요하다면 상대방에게 알려주기만 하면 된답니다.

✸ 편견 없이 이야기를 들어주세요.

일기를 쓰다 보면 서로에 대해 몰랐던 점들을 많이 알아가게 될 것입니다. 의견이 상반될 일도 많이 있을 거예요. 그거야말로 바로 이 교환일기의 핵심입니다. 열린 마음으로 서로의 다른 점을 존중해주세요.

✸ 솔직하게 대답하세요.

무언가를 숨기거나 속이겠다는 생각은 하지 마세요. 교환일기는 평소 하고 싶었던 말을 서로에게 모두 할 수 있는 기회예요. 전부다 쏟아내세요.

❋ 예쁜 말을 써주세요.

서로 존중하는 말투로도 충분히 솔직한 글을 쓸 수 있습니다. "시큼한 식초보다 달콤한 꿀이 파리를 더 잘 잡는다"라는 외국 속담이 있어요. 고운 말을 쓰면 어려운 주제라도 상대방이 훨씬 더 받아들이기 쉽답니다.

❋ 장기적인 계획을 세우세요.

만약 둘 중 한 명이 장기 여행을 가거나, 따로 살고 있다면, 일기장에 적힌 질문들을 참고해 이메일이나 SNS를 통해 주고받는 것도 가능합니다. 문자나 메신저를 사용할 수도 있죠. 전화나 영상 통화를 통해 질문을 하며 대화를 나눠보는 것도 재미있습니다.

❋ 일기를 자신의 것으로 만드세요.

만약 이 팁들이 여러분의 상황에 맞지 않는다면, 더 좋은 방법을 찾아서 이 일기를 채워 나가세요. 이 책은 여러분의 일기장이고 여러분의 경험으로 완성되는 책이니까요. 그럼, 이 책이 즐거운 여행이 되기를 진심으로 바랍니다!

이 교환일기장은 총 12개월 동안 쓰도록 되어 있습니다. 교환일기를 시작하기에 앞서, 엄마와 딸이 함께 앉아, 이 일기를 어떻게 얼마나 쓸지 논의하는 시간을 가져보세요. 평소에 각자 어느 정도의 시간을 이 일기장에 쏟을 수 있는지 알아야 일기를 쓰는 시간이 더 즐겁고 소중해질 겁니다. 따라서 다음 질문들에 대해 솔직히 대답해주세요. 매일 얼마만큼의 시간을 할애할 수 있는지 고민해서 현실적인 계획을 세울 수 있도록 하세요. 이 질문들에 모두 대답했다면 이제 둘만의 여행을 시작할 준비가 완료되었습니다!

1. 우리는 왜 이 교환일기를 쓰기로 했을까요?

_____

_____

_____

2. 일기는 얼마나 자주 쓸까요? 매일 쓸까요? 일주일에 한 번 쓸까요?

_____

_____

_____

3. 일기를 쓸 때 시간은 얼마나 쓰는 게 좋을까요?

_____

_____

_____

4. 일기를 쓴 다음 서로 대화하는 시간은 언제로 할까요?

_____

_____

_____

5. 페이지 순서대로 일기를 쓸까요? 아님 자유롭게 쓸까요?

_____

_____

_____

6. 우리는 언제, 어느 질문을 완성할지 어떻게 정할까요?

_____

_____

_____

7. 더 길게 쓰고 싶은데 공간이 부족할 때는 어떻게 할까요?

_____

_____

_____

8. 일기를 쓰면서 서로에 대해 알고 싶은 점이 무엇인가요?

_____

_____

_____

시작하며

우리는 _____년 ___월 ___일부터
이 일기를 쓰기 시작했어요.

시작하는 날, 둘이 찍은 사진을 붙이거나 그림을 그려보세요.

MONTH
ONE

_____년 ____월

내가 나에 대해 가장 좋아하는 점은 이거야.

난 기분을 띄우고 싶을 때 이렇게 행동해.

내가 활짝 웃는 걸 보고 싶다면, 이렇게 하렴.

나는 슬플 때 이렇게 한단다.

이번 주에 나는 이런 고민이 있었어.

내가 내 자신에 대해서 가장 좋아하는 점은 이거예요.

난 기분을 띄우고 싶을 때 이렇게 행동해요.

내가 빵 터지는 모습을 보고 싶다면, 이렇게 하면 돼요.

나는 슬플 때 이렇게 해요.

" 이번 주에 나는 이런 고민이 있었어요.

내가 엄마에 대해 무엇을 모르고 있다고 생각하세요?

내가 너에 대해 무엇을 모르고 있다고 생각하니?

내가 엄마에 대해 알고 싶은 점 3가지

위 질문에 대한 나의 답변:

엄마의 질문 내가 너에 대해 알고 싶은 점 3가지

⬇ _____

⬇ _____

⬇ _____

위 질문에 대한 나의 답변:

_____

_____

_____

_____

_____

_____

_____

_____

_____

나는 이것만큼은 잘한다고 생각해.

내가 잘하긴 하지만, 별로 좋아하지는 않는 것은

시간을 좀 더 들여서 하고 싶은 것은

나의 올해의 목표 두 가지는

목표를 달성하기 위한 나의 계획은

나는 이것만큼은 잘한다고 생각해요.

내가 잘하긴 하지만, 별로 좋아하지는 않는 것은

시간을 좀 더 들여서 하고 싶은 것은

나의 올해의 목표 두 가지는

목표를 달성하기 위한 나의 계획은

엄마의 하루는 주로 어떤가요?

엄마는 빈 시간에 뭘 하는 것을 좋아하세요?

너의 하루는 주로 어떻니?

너는 빈 시간에 뭘 하는 것을 좋아하니?

엄마에게 딸이 생긴다는 사실을 처음 알게 되었을 때, 어떤
기분이 들었나요?

내가 엄마로서 내렸던 결정 중에 네 마음에 들지 않았던 것
은 어떤 게 있니? 만약 너였다면 대신 어떻게 했을까?

엄마가 네 나이 때 가장 좋아한 간식은?

_____

엄마가 네 나이 때 가장 좋아한 놀이는?

_____

엄마가 네 나이 때 가장 좋아한 만화는?

_____

엄마가 네 나이 때 가장 좋아한 책은?

_____

엄마가 네 나이 때 가장 좋아한 연예인은?

_____

엄마가 네 나이 때 가장 좋아한 영화는?

_____

1cm 더 가까워지기

내가 지금 가장 좋아하는 간식은?

내가 지금 가장 좋아하는 놀이는?

내가 지금 가장 좋아하는 만화는?

내가 지금 가장 좋아하는 책은?

내가 지금 가장 좋아하는 연예인은?

내가 지금 가장 좋아하는 영화는?

MONTH TWO

어른으로 산다는 건 어떤 건가요? 마음에 드는 점과 마음에
안 드는 점은 무엇인가요?

네가 어린아이로서 살아가며 느끼는 점에 대해 나는 이렇게
생각해.

어린아이로 산다는 건 어떤 것 같니? 마음에 드는 점과 마음에 안 드는 점은 무엇이니?

엄마가 어른으로서 살아가며 느끼는 점에 대해 나는 이렇게 생각해요.

만약 우리가 둘만의 완벽한 하루를 보낸다면, 나는 이런 하루를 보내고 싶어.

이번 주에 있었던 일 중에서 내가 가장 좋았던 일은.

유명한 엄마와 딸 중에 나는 _____(이)가 가장 마음에 들어. 그 이유는.

만약 우리가 둘만의 완벽한 하루를 보낸다면, 저는 이런 하루를 보내고 싶어요.

이번 주에 있었던 일 중에서 제가 가장 좋았던 일은.

유명한 엄마와 딸 중에 저는 _____(이)가 가장 마음에 들어요. 그 이유는요.

더 많은 돈과 더 많은 친구 중 엄마는 어느 것을 선택할 거예요? 그 이유는요?

미래를 생각하면 어떤 기분이 들어요? 그 이유는요?

더 많은 돈과 더 많은 친구 중 너는 어느 것을 선택할 거니?
그 이유는?

미래를 생각하면 어떤 기분이 들어? 그 이유는?

지난 일주일 중에 가장 힘들었던 날은 언제였어요? 그 이유
는요?

_____

_____

_____

_____

_____

그럼 그때 무얼 했으면 덜 힘들었을 것 같아요? 혹은 그 일
로 무엇을 배웠어요?

_____

_____

_____

_____

_____

지난 일주일 중에 가장 힘들었던 날은 언제였어? 그 이유는?

_____

_____

_____

_____

_____

그때 무얼 했으면 덜 힘들었을 것 같아? 혹은 그 일로 무엇을 배웠니?

_____

_____

_____

_____

_____

우리 가족 중에 _____와 좀 더 친해지고 싶어.

그 이유는. ████████████████████████

우리 가족 중에 _____와 좀 더 친해지고 싶어요.

그 이유는요.

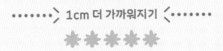
엄마가 가장 좋아하는 색깔은?

_____

엄마가 가장 좋아하는 음악은?

_____

엄마가 가장 좋아하는 시간은?

_____

엄마가 가장 좋아하는 장소는?

_____

엄마가 가장 좋아하는 꽃은?

_____

엄마가 가장 좋아하는 향기는?

_____

엄마가 가장 좋아하는 계절은?

_____

내가 가장 좋아하는 색깔은?

_____

내가 가장 좋아하는 음악은?

_____

내가 가장 좋아하는 시간은?

_____

내가 가장 좋아하는 장소는?

_____

내가 가장 좋아하는 꽃은?

_____

내가 가장 좋아하는 향기는?

_____

내가 가장 좋아하는 계절은?

_____

MONTH THREE

_____년 ___월

요즘 내가 가장 집중하고 있는 일은.

최근에 가장 스트레스 받았던 일은.

요즘 재밌게 본 책이나 영화는.

요즘 알게 된 이상하거나 재밌는 일은.

요즘 내가 가장 집중하고 있는 일은.

최근에 가장 스트레스 받았던 일은.

요즘 재밌게 본 책이나 영화는.

요즘 알게 된 이상하거나 재밌는 일은.

엄마, 내가 알아주고, 함께 관심을 가져줬으면 하는 중요한 일이 있나요? 있다면 내가 어떻게 함께할 수 있을까요?

너의 답변에 대한 엄마의 생각:

엄마의 질문 내가 알아주고, 관심을 가져줬으면 하는 중요한 일이 있니? 있다면 엄마가 어떻게 함께할 수 있을까?

엄마의 답변에 대한 나의 생각:

내가 해본 일 중 싫었던 것 여섯 가지

1 ....

2 ....

3 ....

4 ....

5 ....

6 ....

내가 해본 일 중 좋았던 것 여섯 가지

1 ....

2 ....

3 ....

4 ....

5 ....

6 ....

내가 해본 일 중 싫었던 것 여섯 가지

1
2
3
4
5
6

내가 해본 일 중 좋았던 것 여섯 가지

1
2
3
4
5
6

난 출근도 안 하고 해야 할 일도 없다면, 하루 종일 이렇게
지낼 거야.

내가 네 나이일 적에, 어른이 되면 이럴 것 같았어.

어른이 되고 나니 이런 점들이 가장 놀라웠단다.

난 학교를 가지 않고 해야 할 일도 없다면, 하루 종일 이렇게
지낼 거예요.

나이를 먹으니 이런 점이 가장 좋아요.

나이를 먹으니 이런 점은 내 생각과 달랐어요.

엄마는 스스로를 몽상가라고 생각하나요? 아니면 현실주의자라고 생각하나요? 왜 그렇게 생각하는지 알려주세요.

너는 너 스스로를 몽상가라고 생각하니? 현실주의자라고 생각하니? 왜 그렇게 생각하는지 알려주렴.

엄마가 가장 좋아하는 글귀는?

_____

엄마의 엄마한테 들은 말 중 가장 좋았던 말은?

_____

엄마의 아빠한테 들은 말 중 가장 좋았던 말은?

_____

엄마의 친구한테 들은 말 중 가장 좋았던 말은?

_____

엄마가 가장 듣고 싶었지만 듣지 못했던 말은?

_____

내가 가장 좋아하는 글귀는?

_____

내가 엄마한테 들은 말 중 가장 좋았던 말은?

_____

내가 아빠한테 들은 말 중 가장 좋았던 말은?

_____

내가 친구한테 들은 말 중 가장 좋았던 말은?

_____

내가 가장 듣고 싶지만 아직 듣지 못한 말은?

_____

MONTH
FOUR

_____년 ___월

엄마가 열심히 노력해서 목표를 이뤘던 경험을 얘기해주세요. 어떤 기분이 들었어요?

엄마는 어릴 적 어떤 직업을 갖고 싶었나요? 어렸을 때의 꿈과 지금 하는 일은 어떤 면이 다르거나 비슷한가요?

네가 열심히 노력해서 목표를 이뤘던 경험을 얘기해주렴.
어떤 기분이 들었니?

너는 커서 어떤 일을 하고 싶어? 그 일을 통해 넌 무엇을 느
끼고 싶니?

만약 평생 아이나 어른 중 하나로만 살아야 한다면 어느 쪽을 고를 거예요? 그 이유는요?

만약 평생 아이나 어른 중 하나로만 살아야 한다면 어느 쪽을 고를 거니? 그 이유는?

나의 특별한 점 6가지:

1
2
3
4
5
6

너의 특별한 점 6가지:

1
2
3
4
5
6

나의 특별한 점 6가지:

1 _____

2 _____

3 _____

4 _____

5 _____

6 _____

엄마의 특별한 점 6가지:

1 _____

2 _____

3 _____

4 _____

5 _____

6 _____

우리의 삶이 영화가 된다면, 난 이 배우가 내 역할을 맡으면 좋겠어.

_____

우리의 삶이 영화가 된다면, 난 이 배우가 네 역할을 맡으면 좋겠어.

_____

난 우리가 함께 _____을/를 할 때가 정말 좋아. 그 이유는.

_____

_____

최근 우리가 같이 한 일 중에 가장 즐거웠던 일은.

_____

_____

난 너와 시간을 보내는 것 외에도, _____와/과 함께하는 것을 좋아해. 그 이유는.

_____

_____

우리의 삶이 영화가 된다면, 난 이 배우가 내 역할을 맡으면 좋겠어요.

_____

우리의 삶이 영화가 된다면, 난 이 배우가 엄마 역할을 맡으면 좋겠어요.

_____

난 우리가 함께 _____을/를 할 때가 정말 좋아요. 그 이유는.

_____

_____

최근 우리가 같이 한 일 중에 가장 즐거웠던 일은.

_____

_____

난 엄마와 시간을 보내는 것 외에도, _____와/과 함께하는 것을 좋아해요. 그 이유는.

_____

_____

엄마, 최근에 더 좋은 사람이 되어야겠다고 마음먹게 해준 사람이 있나요?

그 사람의 어떤 말이나 행동이 그런 다짐을 하게 했나요?

엄마가 다른 사람을 위해 했던 일 중, 가장 친절한 일은 무엇이었어요?

최근에 더 좋은 사람이 되어야겠다고 마음먹게 해준 사람이
있니?

그 사람의 어떤 말이나 행동이 그런 다짐을 하게 했니?

네가 다른 사람을 위해 했던 일 중, 가장 친절한 일은 무엇이
었니?

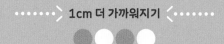
엄마가 제 나이 때 뭘 배우는 걸 가장 좋아했어요?

엄마가 만약 제 나이로 돌아간다면 뭘 더 배우고 싶어요?

엄마가 열중한 것 중에 이것만큼은 잘했다! 싶은 게 있나요?

요즘 새로 무언가를 배우고 싶은 게 있나요?

우리가 함께 뭔가를 배운다면 뭘 배우고 싶어요?

더 배우거나 도전해보고 싶었는데 못한 게 있니?

_____

넌 요즘 뭘 배우는 걸 가장 좋아하니?

_____

시간이 허락한다면 뭘 더 배우고 싶니?

_____

지금 시간 가는 줄 모를 만큼 열중하는 게 있니?

_____

우리가 함께 뭔가를 배운다면 뭘 배우고 싶니?

_____

MONTH
FIVE

_____년 ___월

내가 최근에 시도해본 새로운 도전은.

그 새로운 도전을 통해 얻게 된 것은.

내 스스로에 대해 자랑스러운 점은.

바꿀 수 있다면 바꾸고 싶은 과거의 일은.

내가 최근에 시도해본 새로운 도전은요.

그 새로운 도전을 통해 얻게 된 것은요.

내 스스로에 대해 자랑스러운 점은요.

바꿀 수 있다면 바꾸고 싶은 과거의 일은요.

엄마, 이름 때문에 생긴 별명들이 있었나요?

_____

_____

_____

엄마는 엄마의 이름이 마음에 들어요? 마음에 든다면 그 이유는 무엇인가요? 마음에 들지 않는다면 그 이유와, 원하는 이름을 알려주세요.

_____

_____

_____

엄마, 내 이름이 어떻게 지어졌는지, 그리고 왜 이 이름을 선택했는지 알려주세요.

_____

_____

_____

_____

네 이름 때문에 생긴 별명들이 있었니?

_____

_____

_____

너는 네 이름이 마음에 드니? 마음에 들거나 들지 않는 이유
를 알려주렴.

_____

_____

_____

네가 스스로 네 이름을 지을 수 있다면 뭐라고 짓고 싶어?
또 그 이유는 무엇이니?

_____

_____

_____

_____

네가 이런 행동을 할 때 보면, 꼭 나를 닮은 것 같아. 그 이유
는.

너의 이런 점을 나도 어릴 적에 갖고 있었다면 얼마나 좋았
을까 생각하곤 해. 왜냐하면.

엄마가 이런 행동을 할 때 보면, 꼭 나는 엄마를 닮은 것 같아요. 그 이유는요.

나는 나이가 들면 엄마의 이런 점을 닮고 싶어요. 왜냐하면요.

너는 정말 훌륭한 딸이야. 왜냐하면.

나는 엄마가 우리 엄마라서 정말 좋아요. 왜냐하면요.

엄마가 되면 절대 하지 않을 거라 다짐했지만 결국 하게 되었던 행동이 있나요?

왜 마음이 바뀌었나요?

결심을 바꾸게 된 것에 대해 어떻게 생각하나요?

최근에 어떤 결심이나 마음을 바꾸게 된 일이 있니?

왜 마음이 바뀌었니?

결심을 바꾸게 된 점에 대해 어떻게 생각하니?

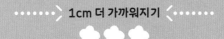
나는 이럴 때 내가 꽤 좋은 사람처럼 느껴져.

나는 이럴 때 내가 좀 초라하게 느껴져.

나는 이럴 때 작지만 확실하게 행복해.

나는 이런 사람과는 친하게 지내고 싶어.

나는 이런 사람과는 절대 친하게 지내고 싶지 않아.

나는 이럴 때 제가 꽤 좋은 사람처럼 느껴져요.

_____

나는 이럴 때 제가 좀 초라하게 느껴져요.

_____

나는 이럴 때 작지만 확실하게 행복해요.

_____

나는 이런 사람과는 친하게 지내고 싶어요.

_____

나는 이런 사람과는 절대 친하게 지내고 싶지 않아요.

_____

MONTH
SIX

_____년 ___월

이번 주에 가장 기분 좋았던 일은 뭐였어요?

요즘 뭔가 기대하고 있는 일이 있나요?

돌아올 생일에는 어떻게 축하받고 싶어요?

이번 주에 가장 기분 좋았던 일은 뭐였니?

요즘 뭔가 기대하는 일이 있니?

돌아올 생일에는 어떻게 축하받고 싶니?

엄마 친구들은 다른 사람들에게 엄마를 어떤 사람이라고 설명할 것 같아요?

어릴 때 있었던 일 중 가장 부끄러웠던 일에 대해 이야기해 주세요.

너의 친구들은 다른 사람들에게 너를 어떤 사람이라고 설명할 것 같니?

친구들 앞에서 가장 부끄러웠던 일에 대해 이야기해주렴.

내가 가장 좋아하는 볼거리는 _____.
그 이유는.

내가 가장 좋아하는 소리는 _____.
그 이유는.

내가 가장 좋아하는 촉감은 _____.
그 이유는.

내가 가장 좋아하는 음식은 _____.
그 이유는.

내가 가지고 있는 것 중에 절대 버리지 못할 소중한 물건은

_____.

그 이유는.

내가 가장 좋아하는 볼거리는 ＿＿＿＿＿＿＿＿＿＿＿＿.
그 이유는.

내가 가장 좋아하는 소리는 ＿＿＿＿＿＿＿＿＿＿＿.
그 이유는.

내가 가장 좋아하는 촉감은 ＿＿＿＿＿＿＿＿＿＿＿.
그 이유는.

내가 가장 좋아하는 음식은 ＿＿＿＿＿＿＿＿＿＿＿.
그 이유는.

내가 가지고 있는 것 중에 절대 버리지 못할 소중한 물건은

＿＿＿＿＿＿＿＿＿＿＿＿＿＿＿＿＿＿＿＿＿.

그 이유는.

엄마는 많은 사람들과 함께 있는 시간이 더 좋아요, 아니면
혼자만의 시간이 더 좋아요? 그 이유는 무엇인가요?

엄마는 새로운 친구를 쉽게 사귀는 편인가요, 그렇지 않은
편인가요? 그 이유는 무엇인가요?

너는 많은 사람들과 함께 있는 시간을 더 좋아하니, 아니면 혼자만의 시간이 더 좋니? 그 이유는 무엇이니?

너는 새로운 친구를 쉽게 사귀는 편이니, 그렇지 않은 편이니? 그 이유는 무엇이니?

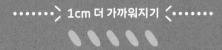

더 좋아하는 것에 동그라미 치기

고양이 – 강아지

별 – 달

햇볕 – 그늘

강 – 바다

걷기 – 달리기

놀이동산 – 워터파크

음악 듣기 – 영화 보기

미술관 – 과학관

동물원 – 수목원

지하철 – 버스

ㄴㄴㄴ

더 좋아하는 것에 동그라미 치기

고양이 – 강아지

별 – 달

햇볕 – 그늘

강 – 바다

걷기 – 달리기

놀이동산 – 워터파크

음악 듣기 – 영화 보기

미술관 – 과학관

동물원 – 수목원

지하철 – 버스

MONTH SEVEN

 년 _____월

엄마랑 가장 친한 친구(친구들)는 누구예요?

그 이유는요?

엄마는 친구 관계에서 가장 중요한 건 뭐라고 생각해요?

엄마는 친구들한테 더 좋은 친구가 되어주기 위해 어떤 노력을 해요?

너와 가장 친한 친구(친구들)는 누구니?

그 이유는?

너는 친구 관계에서 가장 중요한 건 뭐라고 생각해?

너는 네 친구들한테 더 좋은 친구가 되어주기 위해 어떤 노력을 하니?

엄마가 내 나이일 때 할머니와 관계는 어땠어요?

_____

_____

_____

_____

_____

엄마의 가장 오랜 친구는? _____

그렇게 오랫동안 친구로 지낼 수 있었던 이유는 뭐예요?

_____

_____

_____

_____

_____

우리를 잘 모르는 사람에게 너는 우리 둘의 관계를 어떻게
설명할 거니?

_____

_____

_____

_____

_____

너의 가장 오랜 친구는? _____

너희가 오랫동안 친구로 지낼 수 있었던 이유는 뭐니?

_____

_____

_____

_____

_____

사람들은 나에 대해 이런 편견을 갖고 있는 것 같아.

그럴 때 엄마는 이런 기분이 든단다.

나는 다른 사람들이 나의 이런 점을 알아줬으면 좋겠어.

친구들은 나에 대해 이런 편견을 갖고 있는 것 같아요.

그럴 때 저는 이런 기분이 들어요.

나는 다른 사람들이 나의 이런 점을 알아줬으면 좋겠어요.

엄마가 했던 일 중 가장 나쁜 행동은 뭐예요?

엄마는 왜 그때 그런 행동을 했나요? 그 후에 그 일에 대해
어떻게 수습하거나 책임을 졌나요?

네가 했던 일 중 가장 나쁜 행동은 뭐니?

왜 그때 그런 행동을 했니? 그 후에 그 일에 대해 어떻게 수
습하거나 책임을 졌니?

엄마는 삶에서 돌이키고 싶은 일이 있나요? 그건 무슨 일이
었고 그 일을 한 이유는 무엇인가요?

할 수 있다면 그 일을 어떻게 바꾸고 싶어요?

너는 삶에서 돌이키고 싶은 일이 있니? 그건 무슨 일이었고
그 일을 한 이유는 무엇이니?

할 수 있다면 그 일을 어떻게 바꾸고 싶니?

요즘 가장 즐겨 보는 유튜브 채널은?

_____

요즘 즐겨 하고 있는 게임은?

_____

요즘 가장 많이 사용하는 어플은?

_____

요즘 스마트폰 메시지를 많이 주고받는 사람(그룹)은?

_____

요즘 가장 통화를 많이 하는 사람은?

_____

요즘 가장 즐겨 보는 유튜브 채널은?

_____

요즘 즐겨 하고 있는 게임은?

_____

요즘 가장 많이 사용하는 어플은?

_____

요즘 스마트폰 메시지를 많이 주고받는 사람(대화방)은?

_____

요즘 가장 통화를 많이 하는 사람은?

_____

MONTH
EIGHT

_____년 ____월

우리 가족 행사 중에서 가장 좋아하는 것과 이유는 뭐예요?

엄마는 직장과 학교가 '우리만의 시간'을 방해한다고 생각하나요? 답변과 그 이유를 알려주세요.

우리가 어떻게 하면 더 많은 시간을 보낼 수 있을까요? 아이디어를 내주세요.

우리 가족 행사 중에서 가장 좋아하는 것과 이유는 뭐니?

너는 직장과 학교가 '우리만의 시간'을 방해한다고 생각하니? 답변과 그 이유를 알려주렴.

우리가 어떻게 하면 더 많은 시간을 보낼 수 있을까? 아이디어를 내보렴.

엄마는 내가 어떤 행동을 할 때 상처를 받아요?

우리 둘이 의견이 다를 때 엄마의 감정은 어때요?

우리 둘이 다투고 난 뒤, 어떻게 화해하는 게 가장 좋아요?

넌 내가 어떤 행동을 할 때 상처를 받니?

우리 둘이 의견이 다를 때 너의 감정은 어떻니?

우리 둘이 다투고 난 뒤, 어떻게 화해하는 게 가장 좋니?

가까운 사람과 다퉜던 경험에 대해서 이야기해주세요. 왜 다투게 되었나요? 그리고 어떻게 갈등을 해결했나요? 그때 깨달은 점이 있나요?

가까운 사람과 다퉜던 경험에 대해서 이야기해주렴. 왜 다투게 되었니? 그리고 어떻게 갈등을 해결했니? 그때 깨달은 점이 있니?

만일 엄마가 이 세상을 다스리게 된다면, 어떤 법을 만들고
싶어요?

만약 엄마에게 10억 원이 있고, 그 돈을 하루 만에 다 써야
한다면 무엇을 할 거예요?

만일 네가 이 세상을 다스리게 된다면, 어떤 법을 만들고 싶니?

만약 너에게 10억 원이 있고, 그 돈을 하루 만에 다 써야 한다면 넌 무엇을 하고 싶니?

우리 가족, 친척들 중에서 내가 잘 모르거나, 또는 잘 알지 못하는 지인에 대해 소개해주세요.

너의 선생님 또는 친구들 중 내가 모르거나, 또는 잘 알지 못하는 사람에 대해 이야기해주렴.

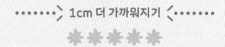
너에게 이게 늘 고마워.

_____

_____

이럴 때마다 네가 멋있어 보여.

_____

_____

이럴 때는 네가 좀 걱정이 돼.

_____

_____

네가 이 행동 하나만 하지 않으면 좋겠어.

_____

_____

◆◆◆◆

엄마에게 이게 늘 고마워요.

_____

_____

이럴 때마다 엄마가 멋있어 보여요.

_____

_____

이럴 때는 엄마가 좀 걱정이 돼요.

_____

_____

엄마가 이 행동 하나만 하지 않으면 좋겠어요.

_____

_____

MONTH
NINE

_____년 _____월

하고 싶은 일 리스트를 만들어보세요. (배우고 싶은 것, 읽고 싶은 책, 보고 싶은 영화, 여행 가고 싶은 곳, 먹어보고 싶은 음식 등)

하고 싶은 일 리스트를 만들어보렴. (배우고 싶은 것, 읽고 싶은 책, 보고 싶은 영화, 여행 가고 싶은 곳, 먹어보고 싶은 음식 등)

엄마와 딸은 친구가 될 수 있을까요? 그렇게 생각
하는 이유는 무엇인가요?

엄마와 딸은 친구가 될 수 있을까? 그렇게 생각하
는 이유는 무엇이니?

'엄마와 딸은 친구가 될 수 있을까' 너의 글에 대한 나의 생각.

'엄마와 딸은 친구가 될 수 있을까?' 엄마의 글에 대한 나의 생각.

만일 엄마가 인간 말고 다른 걸 선택해야 한다면 뭐가 되고 싶어요? 이유는요?

엄마는 나와 서로 뒤바꿔보고 싶다는 생각해본 적 있어요? 있다면 언제 왜 그렇게 생각했어요? 없다면 이유는요?

만약 진짜로 엄마와 내가 서로 바뀐다면 엄마는 뭘 하고 싶어요?

만일 네가 인간 말고 다른 걸 선택해야 한다면 뭐가 되고 싶니? 그 이유는?

너는 엄마와 서로 뒤바꿔보고 싶다는 생각을 해본 적 있니? 있다면 언제 왜 그렇게 생각했니? 없다면 이유는?

만약 진짜로 너와 내가 서로 바뀐다면 넌 뭘 하고 싶니?

지금 현재 감사한 점 10가지를 써주세요.

1

2

3

4

5

6

7

8

9

10

지금 현재 감사한 점 10가지를 써보렴.

1

2

3

4

5

6

7

8

9

10

엄마, 첫사랑에 대해 이야기를 해주세요.

사랑에 빠지는 것과 연애에 대해 나에게 해주고 싶은 조언
이 있나요?

너는 친구들과 좋아하는 사람이나 연애에 대해 이야기하니? 주로 어떤 이야기를 하니?

사랑에 빠지는 거나 데이트에 대해 어떤 점이 궁금하니?

내가 생각할 때 나는?
가까운 것에 밑줄 긋기.

예민하다 – 무던하다

일단 행동한다 – 준비부터 철저히

이성적이다 – 감성적이다

활동적이다 – 정적이다

눈치가 빠르다 – 눈치가 없다

집에서 놀기 좋아한다 – 밖에서 놀기 좋아한다

맑은 날을 좋아한다 – 비 오는 날을 좋아한다

하나를 깊이 좋아한다 – 여러 개를 동시에 좋아한다

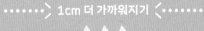

내가 생각할 때 나는?

가까운 것에 밑줄 긋기.

예민하다 – 무던하다

일단 행동한다 – 준비부터 철저히

이성적이다 – 감성적이다

활동적이다 – 정적이다

눈치가 빠르다 – 눈치가 없다

집에서 놀기 좋아한다 – 밖에서 놀기 좋아한다

맑은 날을 좋아한다 – 비 오는 날을 좋아한다

하나를 깊이 좋아한다 – 여러 개를 동시에 좋아한다

MONTH
TEN

_____ 년 ____ 월

우리가 토크쇼를 진행한다면 프로그램 제목은 뭘로 하고 싶어요?

주제곡은 어떤 음악이 좋아요?

내가 엄마를 소중하게 여긴다고 생각해요, 아니라고 생각해요? 그 이유는요?

내가 어떤 표현을 할 때 엄마를 소중하게 생각하는 것처럼 느껴져요?

다음에 우리 둘만의 시간이 생기면 어떻게 보내고 싶어요?

우리가 토크쇼를 진행한다면 프로그램 제목은 뭘로 하고
싶니?

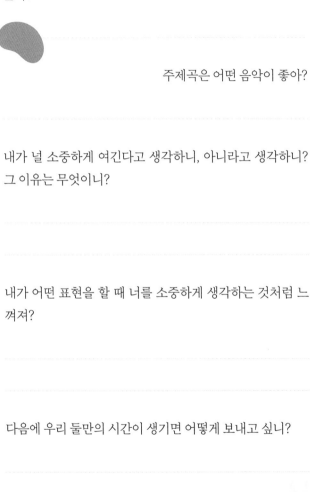

주제곡은 어떤 음악이 좋아?

내가 널 소중하게 여긴다고 생각하니, 아니라고 생각하니?
그 이유는 무엇이니?

내가 어떤 표현을 할 때 너를 소중하게 생각하는 것처럼 느
껴져?

다음에 우리 둘만의 시간이 생기면 어떻게 보내고 싶니?

엄마가 만약 대통령으로 출마한다면, 어떤 공약을 제시할 거예요?

엄마가 정말 중요하다고 생각하는 사회적 이슈는 무엇인가요? 왜 그게 중요하다고 생각하세요?

엄마가 지금 이 세상에서 딱 한 가지를 바꿀 수 있다면, 무엇을 바꿀 거예요?

네가 만약 대통령으로 출마한다면, 어떤 공약을 제시할 거니?

네가 정말 중요하다고 생각하는 사회적 이슈는 무엇이니? 왜 그게 중요하다고 생각해?

네가 지금 이 세상에서 딱 한 가지를 바꿀 수 있다면, 무엇을 바꿀 거니?

엄마, 살아오면서 가장 도움이 되었던 조언은 누가 해준 어떤 조언이었어요?

그 조언을 듣고 무엇이 어떻게 바뀌었나요?

네가 살아오면서 가장 도움이 되었던 조언은 누가 해준 어떤 조언이었니?

그 조언을 듣고 무엇이 어떻게 바뀌었니?

엄마가 여자라는 이유로 부당하게 차별받았던 경험이 있나
요? 그 상황에서 어떤 기분이 들었고 어떻게 대응했나요?

그 상황에서 다르게 대응했더라면 하고 후회한 적이 있나
요? 만약 그렇다면 어떻게 행동했다면 좋았을 것 같나요?

네가 여자라는 이유로 부당하게 차별받았던 적이 있니? 그 상황에서 어떤 기분이 들었고 너는 어떻게 대응했니?

그런 적이 없다면, 만약 여자라는 이유만으로 차별을 받으면 어떤 기분일 것 같니? 또 어떻게 대응하고 싶니?

만약 엄마가 과거로 잠깐 돌아가 자신에게 무언가 말을 해 줄 수 있다면, 언제로 돌아가 어떤 이야기를 해주고 싶어요? 그 이유는요?

최근 경험하거나 배운 교훈 중에 어른이 되었을 때 큰 도움이 될 것 같은 일은 무엇이니? 그게 왜 도움이 될 거라고 생각하니?

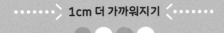
문장을 완성하기

나는 _____ (하면) 스트레스가 풀려.

나는 _____ (하면) 자신감이 생겨.

나를 좋아하는 사람은 _____.

세상을 살아가는 데 가장 필요한 것은 _____.

나는 _____ 만큼은 절대 하고 싶지 않아.

나는 _____ 한 사람이 되고 싶어.

문장을 완성하기

저는 _____ (하면) 스트레스가 풀려요.

저는 _____ (하면) 자신감이 생겨요.

저를 좋아하는 사람은 _____ .

세상을 살아가는 데 가장 필요한 것은 _____ .

저는 _____ 만큼은 절대 하고 싶지 않아요.

저는 _____ 한 사람이 되고 싶어요.

MONTH
ELEVEN

_____년 ____월

만약 내가 무인도에서 살게 된다면, 가져갈 물건 네 가지는

1
2
3
4

내가 앞으로 세 가지 음식만 먹고 살아야 한다면

1
2
3

내가 아무 조건 없이 네 가지 직업을 경험해볼 수 있다면

1
2
3
4

만약 내가 무인도에서 살게 된다면, 가져갈 물건 네 가지는

1

2

3

4

내가 앞으로 세 가지 음식만 먹고 살아야 한다면

1

2

3

내가 아무 조건 없이 네 가지 직업을 경험해볼 수 있다면

1

2

3

4

엄마의 판단이 틀렸던 경험에 대해 이야기해주세요. 어떤 상황이었나요? 그 이후 어떻게 해결을 했나요? 자기 생각이 틀렸다는 사실을 깨달았을 때 어떻게 했나요?

네가 어떤 문제나 갈등을 제대로 해결하지 못했던 적이 있니? 어떤 일이 있었니? 지금이라면 어떻게 했을 것 같니?

내가 자서전을 쓴다면, 책 제목은

연예인이랑 바꿔서 살아볼 수 있다면 난 이 사람으로 살아 볼래.

내가 살면서 가장 좋았던 나이는 _____살 때란다. 그 이유는

내가 받아 본 선물 중 가장 최고의 선물은 _____ 야. 그 이유는

내가 자서전을 쓴다면, 책 제목은

_____

_____

연예인이랑 바꿔서 살아볼 수 있다면 난 이 사람으로 살아
볼래요.

_____

_____

내가 살면서 가장 좋았던 나이는 _____살 때예요.
그 이유는

_____

_____

내가 받아 본 선물 중 가장 최고의 선물은 _____에
요(예요). 그 이유는

_____

_____

163

엄마는 나를 통해 배우게 된 것이 있나요? 아직 내게 말해주지 않았다면 그게 뭔지 말해주세요.

엄마는 저를 통해 앞으로 더 배우거나 경험하고 싶은 게 있나요?

너는 나를 통해 배운 점이 있니? 아직 내게 말해주지 않았다
면 그게 뭔지 말해주렴.

너는 나를 통해 앞으로 더 배우거나 경험하고 싶은 게 있니?

엄마가 지금까지 살면서 겪었던 가장 놀랍고 기적과 같았던
경험에 대해 이야기해주세요.

네가 지금까지 살면서 겪었던 가장 놀랍고 기적과 같았던
경험에 대해 이야기주렴.

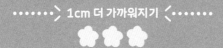

더 선호하는 것에 밑줄 긋기

약속 시간에 딱 맞춰 도착 – 약속 시간보다 일찍 도착

불편하지만 예쁜 옷 – 평범하지만 편안한 옷

SNS만 안 되는 스마트폰 – SNS만 되는 2G폰

숙제 미리 하고 놀기 – 놀고 나서 숙제하기

아침 일찍 일어나서 뒹굴 – 밤에 잠 안 자고 뒹굴

메신저(카톡, 페메)로 수다 떨기 – 만나서 수다 떨기

혼자 공부 – 같이 공부

친절하다는 칭찬 – 재미있다는 칭찬

친해지고 싶다는 말 – 닮고 싶다는 말

더 선호하는 것에 밑줄 긋기

약속 시간에 딱 맞춰 도착 – 약속 시간보다 일찍 도착

불편하지만 예쁜 옷 – 평범하지만 편안한 옷

SNS만 안 되는 스마트폰 – SNS만 되는 2G폰

숙제 미리 하고 놀기 – 놀고 나서 숙제하기

아침 일찍 일어나서 뒹굴 – 밤에 잠 안 자고 뒹굴

메신저(카톡, 페메)로 수다 떨기 – 만나서 수다 떨기

혼자 공부 – 같이 공부

친절하다는 칭찬 – 재미있다는 칭찬

친해지고 싶다는 말 – 닮고 싶다는 말

MONTH
TWELVE

만약 자신의 미래를 볼 수 있다면, 엄마는 미래를 볼 거예요,
안 볼 거예요? 그 이유는 무엇인가요?

만약 램프의 요정이 나타나 세 가지 소원을 들어준다면, 엄
마는 어떤 소원을 빌 건가요?

만약 죽은 사람과 대화를 할 수 있다면, 누구와 어떤 대화를
하고 싶나요?

만약 자신의 미래를 볼 수 있다면, 너는 미래를 볼 거니, 안 볼 거니? 그 이유는 무엇이니?

만약 램프의 요정이 나타나 세 가지 소원을 들어준다면, 너는 어떤 소원을 빌 거니?

만약 죽은 사람과 대화를 할 수 있다면, 누구와 어떤 대화를 하고 싶니?

만약 엄청나게 똑똑해지거나 엄청나게 인기가 많아질 수 있다면, 엄마는 둘 중 어떤 것을 고를 거예요? 그 이유는 무엇인가요?

만약 엄청나게 똑똑해지거나 엄청나게 인기가 많아질 수 있다면, 너는 둘 중 어떤 것을 고를 거니? 그 이유는 무엇이니?

리더 역할을 맡아야만 했던 경험에 대해서 이야기해주세요.
어떤 상황이었나요? 어떤 그룹을 이끌어야 했나요? 사람들
은 엄마를 잘 따랐나요? 리더십에 대해 무얼 배웠나요?

네가 리더 역할을 맡아야 했던 경험에 대해서 이야기해주렴. 어떤 상황이었니? 리더로서의 역할이 좋았니? 사람들은 너를 잘 받아들이고 따랐니? 리더로서 다른 사람들을 책임져야 했던 경험은 네게 어떤 영향을 주었니?

엄마는 이럴 때 자신감이 떨어지는 것 같아. 그 이유는

가장 최근에 울었던 일과 이유는.

가장 최근에 화가 났던 일과 이유는.

나는 이럴 때 자신감이 떨어지는 것 같아요. 그 이유는

_____

_____

_____

_____

가장 최근에 울었던 일과 이유는요.

_____

_____

_____

_____

가장 최근에 화가 났던 일과 이유는요.

_____

_____

_____

_____

'멋있는 여성'이라는 단어는 내게 이런 의미란다.

'멋있는 여성'이라는 단어는 내게 이런 의미로 느껴
져요.

엄마의 답변 네가 쓴 '멋있는 여성'의 의미에 대한 나의 생각.

딸의 답변 엄마가 쓴 '멋있는 여성'에 대한 나의 생각.

여러분, 해내셨군요! 1년간의 교환일기가 이제 끝났습니다. 두 분은 12개월 동안 서로에 대해 더 잘 알아가는 시간을 가졌습니다. 서로 터놓기 어려운 대화도 있었겠지만 동시에 함께 웃을 기회도 있었으며, 여러분은 이를 통해 1년 전보다 서로에 대해 훨씬 더 많이 알게 되었습니다.

이제 일기장을 모두 썼으니 앞으로 어떻게 해야 할까요? 정답은 바로 서로에게 계속 질문을 던지는 것입니다. 계속해서 상대방에게 관심을 갖고 질문을 하세요. 이야기하고 이야기를 들어주세요. 내가 좋아하는 것, 싫어하는 것, 나의 꿈, 나의 희망, 이 모든 것에 관심을 가져주고, 자신의 이야기도 들려주는 이 특별한 사람이 내 곁에 있다는 것은 정말 소중한 일이에요. 서로가 서로에게 얼마나 귀중한 선물인지 잊지 마세요. 저와 제 딸 또한 언제나 이 선물을 소중히 할 것입니다.

-브랜디 라일리

엄마랑 교환일기를 쓰는 것은 내가 세상에서 최고로 좋아하는 일이에요! 엄마는 나를 더 잘 알게 되고, 나는 엄마를 더 잘 알게 된다는 점이 정말 좋아요.

-아이바 라일리, 10세

마치며

우리는 _____ 년 ___ 월 ___ 일에
이 일기를 다 썼어요.

마지막 날 둘만의 사진이나 그림을 그려보세요.

1. 이 일기를 시작하기 전, 교환일기를 함께 쓰는 것에 대해
   어떻게 생각했나요?

   _____

   _____

   _____

2. 이 일기를 쓰면서 가장 좋았던 점은 무엇인가요?

   _____

   _____

   _____

3. 서로에 대해 알게 된 사실 중, 가장 놀라웠던 점은 무엇
   인가요?

   _____

   _____

   _____

4. 일기를 함께 쓰는 과정에서 어떤 점이 달라졌나요?

_____

_____

_____

5. 일기를 쓰기 전후로 사이가 어떻게 달라졌나요?

_____

_____

_____

_____

6. 다음에는 어떤 일을 같이 해보고 싶나요? 언제부터요?

_____

_____

_____

_____

1. 이 일기를 시작하기 전, 교환일기를 함께 쓰는 것에 대해
   어떻게 생각했나요?

   _____

   _____

   _____

2. 이 일기를 쓰면서 가장 좋았던 점은 무엇인가요?

   _____

   _____

   _____

3. 서로에 대해 알게 된 사실 중, 가장 놀라웠던 점은 무엇
   인가요?

   _____

   _____

   _____

4. 일기를 함께 쓰는 과정에서 어떤 점이 달라졌나요?

_____

_____

_____

5. 일기를 쓰기 전후로 사이가 어떻게 달라졌나요?

_____

_____

_____

_____

6. 다음에는 어떤 일을 같이 해보고 싶나요? 언제부터요?

_____

_____

_____

_____

Secret Diary for Girls

아이가 마음을 닫기 전에, 엄마와 딸의 교환일기

초판 1쇄 발행 · 2021년 3월 24일
초판 4쇄 발행 · 2023년 11월 22일

지은이 · 브랜디 라일리
옮긴이 · 김소연
발행인 · 이종원
발행처 · (주)도서출판 길벗
출판사 등록일 · 1990년 12월 24일
주소 · 서울시 마포구 월드컵로 10길 56(서교동)
대표 전화 · 02)332-0931 | 팩스 · 02)323-0586
홈페이지 · www.gilbut.co.kr | 이메일 · gilbut@gilbut.co.kr

기획 및 책임편집 · 황지영(jyhwang@gilbut.co.kr) | 제작 · 이준호, 손일순, 이진혁, 김우식
마케팅 · 이수미, 장봉석, 최소영 | 영업관리 · 김명자, 심선숙, 정경화
독자지원 · 윤정아

디자인 · 어나더페이퍼
CTP 출력 및 인쇄, 제본 · 상지사

ISBN 979-11-6521-510-1 13190
(길벗 도서번호 050161)

독자의 1초까지 아껴주는 정성 길벗출판사

(주)도서출판 길벗 | IT교육서, IT단행본, 경제경영서, 어학&실용서, 인문교양서, 자녀교육서 www.gilbut.co.kr
길벗스쿨 | 국어학습, 수학학습, 어린이교양, 주니어 어학학습, 학습단행본 www.gilbutschool.co.kr